Santa Teresinha do Menino Jesus
Novena e biografia

Mario Basacchi

Santa Teresinha do Menino Jesus
Novena e biografia

Textos bíblicos: *Bíblia Sagrada* – tradução da CNBB, 2001.

Editora responsável: *Celina Weschenfelder*
Equipe editorial

9ª edição – 2010
8ª reimpressão – 2022

Revisado conforme a nova ortografia.

Nenhuma parte desta obra poderá ser reproduzida ou transmitida por qualquer forma e/ou quaisquer meios (eletrônico ou mecânico, incluindo fotocópia e gravação) ou arquivada em qualquer sistema ou banco de dados sem permissão escrita da Editora. Direitos reservados.

Paulinas

Rua Dona Inácia Uchoa, 62
04110-020 – São Paulo – SP (Brasil)
Tel.: (11) 2125-3500
http://www.paulinas.com.br – editora@paulinas.com.br
Telemarketing e SAC: 0800-7010081
© Pia Sociedade Filhas de São Paulo – São Paulo, 2002

Introdução

Quando empreendemos uma viagem sozinhos, por um caminho pouco conhecido, cheio de imprevistos e obstáculos, nada mais confortante do que percorrê-lo em companhia e sob a orientação de quem o trilhou antes de nós.

Somos filhos dispersos e atarefados, tropeçando a cada passo, mas rumo à casa do Pai.

Santa Teresinha do Menino Jesus, heroína do amor contemplativo, vivido nas sombras do Carmelo de Lisieux, nos aponta um caminho simples e seguro para alcançarmos o céu. Como ela mesma disse um dia, olhando para o alto: "O meu nome está escrito no céu!". Também o nosso, desde que nascemos, está escrito no céu. Mas, para alcançá-lo, precisamos percorrer o caminho desta vida. É um caminho para os pequenos, para todos aqueles que continuam ou voltaram a ser criança, pois "ninguém entrará no Reino dos Céus, se não tiver alma de criança".

A passagem de Santa Teresinha pela terra foi curta, apenas 24 anos, mas intensamente vivida e abençoada, abrasada que foi pelo amor de Deus e pelo zelo apostólico para a salvação das almas. Apesar de nunca se despojar do amor inocente e simples de criança, foi um amor forte, sofrido, maduro e sobrenatural.

Ao trilharmos o mesmo caminho percorrido por esta santa, doutora da Igreja, sentiremos o perfume de suas virtudes e respiraremos o ar puro do Evangelho; nossos olhares contemplarão as paisagens do Reino de Deus e nosso coração serão inundados pela alegria do amor misericordioso de Deus.

Durante esta novena, ao mesmo tempo que solicitamos a sua intercessão junto a Jesus e a Virgem Maria, pedimos também, com toda confiança e simplicidade, que nos introduza nessa pequena via e faça cair uma chuva de rosas sobre cada um de nós e sobre todas as pessoas que amamos.

Breves traços biográficos de Santa Teresinha do Menino Jesus

Santa Teresinha do Menino Jesus nasceu dia 2 de janeiro de 1873, na cidade de Alençon, França. Viveu vinte e quatro anos, dos quais quinze passou com sua família e nove, no Carmelo. Aos 4 anos ficou órfã da mãe e com apenas 15 anos entrou para o Convento do Carmelo de Lisieux.

Nenhum fato extraordinário marcou sua vida religiosa, passando despercebida aos olhos do mundo. Viveu intensamente cada hora de sua existência, cumprindo cada mínima ação por amor a Jesus. Achando-se pequena demais para escalar a montanha da santidade, foi à procura de uma pequena via completamente nova, bem reta, bem curta, para ir, assim mesmo, ao céu. É esta via que ela aponta a todas as pequenas almas.

Morreu em 30 de setembro de 1897. Foi beatificada em 1923 e declarada santa em 1925, padroeira das Missões em 1927 e doutora da Igreja em 1997. Sua festa litúrgica é no dia 1º de outubro.

Era um tesouro escondido e valioso, uma fonte inesgotável da ciência do amor a Deus, um farol luminoso que, uma vez descoberto, encontrou e continua a surpreender a quantos leem a *História de uma alma*.

PRIMEIRO DIA

Santa Teresinha do Menino Jesus: "Tudo me sorria sobre a terra".

Em nome do Pai, do Filho e do Espírito Santo. Amém.

V. Vinde, ó Deus, em meu auxílio.
R. Socorrei-me sem demora.
   Glória ao Pai e ao Filho e ao Espírito Santo.
   Como era no princípio, agora e sempre. Amém.

Pensamento bíblico

"Para mim a sorte caiu em lugares deliciosos, maravilhosa é minha herança" (Sl 16,6).

"O caminho da vida me indicarás, alegria plena à tua direita, para sempre" (Sl 16,11).

Seguindo os passos de Santa Teresinha

Um dos períodos mais felizes de sua vida, segundo o testemunho da santa, foi o de sua infância, quando ainda vivia sua mãe.

"A minha vida toda, Deus agradou-se em me cercar de amor. Minhas primeiras lembranças são impregnadas de sorrisos e das mais tenras carícias...!"

"Como eu era feliz nessa idade" – 4 anos –, "já começava a gozar a vida, a virtude tinha encantos para mim..."

"Oh! Na verdade, tudo me sorria na face da terra, descobria flores a cada um dos meus passos e meu gênio feliz contribuía também para tornar a minha vida agradável..."

Teresinha viveu e cresceu no meio de uma família bem estruturada e temente a Deus.

Oração do dia

Ó Santa Teresinha, que desde a tenra idade Deus se agradou em vos cercar de amor e carinho, no seio de uma família santa e feliz, fazei que nossas famílias permaneçam unidas e que nossas crianças não sejam abandonadas e também para elas a vida sorria.

Oração final (*a ser rezada todos os dias*)

Senhor nosso Deus e Pai, nós vos bendizemos em vossos anjos e santos e vos agradecemos por nos ter dado vosso único Filho Jesus. Obrigado, também, por ter suscitado na vossa Igreja, agora e sempre, santos e santas para que nos servissem de exemplo. Fazei que, após tê-los imitado e transformado em outros Cristos, aqui na terra, possamos estar com eles no céu.

Concedei-nos, por intercessão de Santa Teresinha do Menino Jesus, que prometeu passar o céu fazendo o bem na terra e derramar sobre nós uma chuva de rosas, a graça que mais necessitamos (*peça a graça que você mais precisa*).

Pai-Nosso, Ave-Maria e Glória-ao-Pai.
Santa Teresinha do Menino Jesus, intercedei por nós, para que sejamos dignos das promessas de Cristo.

SEGUNDO DIA

Santa Teresinha do Menino Jesus: "O coração tão terno do papai juntara ao amor que já tinha um amor verdadeiramente materno".

Em nome do Pai, do Filho e do Espírito Santo. Amém.

V. Vinde, ó Deus, em meu auxílio.
R. Socorrei-me sem demora.
Glória ao Pai e ao Filho e ao Espírito Santo.
Como era no princípio, agora e sempre. Amém.

Pensamento bíblico

"Hei de colocar-te entre meus filhos... Vós me chamareis de pai" (cf. Jr 3,19).

"Há um só Senhor, uma só fé, um só batismo, um só Deus e Pai de todos, acima de todos, no meio de todos e em todos" (Ef 4,5-6).

Seguindo os passos de Santa Teresinha

O pai e as irmãs, especialmente Paulina, que para ela era como uma segunda mãe, fizeram de tudo para que Teresinha não sofresse tanto com a morte prematura da mãe. Mas ela sofreu muito e se tornou mais fechada.

"Eu tão viva, tão expansiva, fiquei tímida e doce, excessivamente sensível. Bastava um olhar para eu me derreter em lágrimas. Não podia suportar a companhia de pessoas estranhas e só reencontrava a alegria na intimidade da família..."

Deus, que não poupou seu Único Filho, às vezes, parece que nos abandona e nos deixa mergulhados na tristeza. Então, manifestam-se os nossos defeitos e fraquezas. Mas Deus é Pai, por isso não abandona seus filhos.

Oração do dia

Santa Teresinha, vós que experimentastes o fel amargo da provação e fostes submetida à tentação da desconfiança e do abandono, alcançai-nos de Deus a fé inabalável e a firme esperança de superar as dificuldades da vida, confiando cada vez mais na bondade de Deus, nosso Pai Misericordioso.

Oração final (p. 11)

Pai-Nosso, Ave-Maria e Glória-ao-Pai.
Santa Teresinha do Menino Jesus, intercedei por nós, para que sejamos dignos das promessas de Cristo.

TERCEIRO DIA

Santa Teresinha do Menino Jesus: "Queria dar de beber ao Amado..."

Em nome do Pai, do Filho e do Espírito Santo. Amém.

V. Vinde, ó Deus, em meu auxílio.
R. Socorrei-me sem demora.
   Glória ao Pai e ao Filho e ao Espírito Santo.
   Como era no princípio, agora e sempre. Amém.

Pensamento bíblico

"Ide vós também para a minha vinha" (cf. Mt 20,7).

"A colheita é grande, mas os trabalhadores são poucos. Pedi, pois, ao Senhor da colheita que envie trabalhadores para sua colheita!" (Mt 9,37-38).

Seguindo os passos de Santa Teresinha

"A noite de Natal de 1886 foi decisiva para a minha vocação."

Por uma graça especial do Menino Jesus, Teresinha se livra dos traumas e problemas da infância e sente-se crescer, descobre, após libertar-se de uma vida centrada sobre si mesma, que Deus a chama para se dedicar à obra da salvação das almas, por meio de uma vida de oração, sacrifício e escondimento no Carmelo. Após muitas dificuldades, devido à sua pouca idade, é acolhida entre as carmelitas.

Oração do dia

Santa Teresinha, fazei que, com o coração contrito, possamos contemplar Jesus crucificado e, de suas chagas abertas, recolher seu preciosíssimo Sangue, para que não se perca em terra estéril, mas venha a produzir abundantes frutos de salvação. Queremos unir-nos a vós para saciar a sede do nosso amado Jesus e conseguir a conversão dos pecadores e a perseverança dos justos.

Oração final (p. 11)

Pai-Nosso, Ave-Maria e Glória-ao-Pai.
Santa Teresinha do Menino Jesus, intercedei por nós, para que sejamos dignos das promessas de Cristo.

QUARTO DIA

Santa Teresinha do Menino Jesus: "Vim ao Carmelo para salvar almas, e principalmente para rezar pelos sacerdotes".

Em nome do Pai, do Filho e do Espírito Santo. Amém.

V. Vinde, ó Deus, em meu auxílio.
R. Socorrei-me sem demora.
Glória ao Pai e ao Filho e ao Espírito Santo.
Como era no princípio, agora e sempre. Amém.

Pensamento bíblico

"Então Jesus disse aos discípulos: 'Se alguém quer vir após mim, renuncie a si mesmo, tome sua cruz e siga-me'" (Mt 16,24).

Seguindo os passos de Santa Teresinha

"Queria ir para o Carmelo só por Jesus."
"Jesus disse: 'O Reino dos Céus sofre violência, e os violentos procuram arrebatá-lo' (cf. Mt 11,12). E foi o mesmo para mim em relação ao reino do Carmelo. Antes de ser prisioneira de Jesus, tive de fazer uma longa viagem para raptar a prisão que eu preferia a todos os palácios da terra..."

Oração do dia

Santa Teresinha, vós que batalhastes tanto para atender ao chamado de Deus; vós que, deixando um mundo cheio de atrações e enganosas ilusões, escolhestes a vida do Carmelo, feita de esquecimento, de mortificação, de oração e especialmente de amor a Deus; vós que consagrastes a vida para salvar almas e rezar pelos sacerdotes, alcançai-nos a graça de corresponder à nossa vocação e amar a Deus com todas as forças e ao próximo como a nós mesmos.

Oração final (p. 11)

Pai-Nosso, Ave-Maria e Glória-ao-Pai.
Santa Teresinha do Menino Jesus, intercedei por nós, para que sejamos dignos das promessas de Cristo.

QUINTO DIA

Santa Teresinha do Menino Jesus: "Maria é mais Mãe do que Rainha".

Em nome do Pai, do Filho e do Espírito Santo. Amém.

V. Vinde, ó Deus, em meu auxílio.
R. Socorrei-me sem demora.
Glória ao Pai e ao Filho e ao Espírito Santo.
Como era no princípio, agora e sempre. Amém.

Pensamento bíblico

"Com voz forte, Isabel exclamou: 'Bendita és tu entre as mulheres e bendito é o fruto do teu ventre! Como mereço que a mãe do meu Senhor venha me visitar?

Logo que a tua saudação ressoou nos meus ouvidos, o menino pulou de alegria no meu ventre...'. Maria então disse: 'A minha alma engrandece o Senhor, e meu espírito se alegra em Deus, meu Salvador, porque ele olhou para a humildade de sua serva...'" (cf. Lc 1,42-48).

"Jesus, ao ver sua mãe e, ao lado dela, o discípulo que ele amava, disse à mãe: 'Mulher, eis o teu filho!' Depois disse ao discípulo: 'Eis a tua mãe!'..." (Jo 19,26-27).

Seguindo os passos de Santa Teresinha

A Virgem, que lhe sorriu na aurora de sua vida, nunca a abandonou. Teresinha gostava de repetir que Maria é mais Mãe que Rainha e que, quando queria alguma graça de Jesus, a pedia por sua Mãe.

"Pedir a Nossa Senhora não é como pedir a Deus. Ela sabe muito bem o que precisa fazer dos meus pequeninos desejos, se os deve confirmar ou não... Enfim, cabe a ela não obrigar Nosso Senhor a me atender, e deixá-lo em tudo cumprir sua Divina Vontade. Peço muitas vezes a Maria Santíssima para segregar a Jesus que não faça cerimônias comigo. Ela é que sabe transmitir com jeito os meus recados! Como gostaria de ter sido padre, a fim de pregar sobre a Santa Virgem! Acho, contudo, que uma só vez seria insuficiente para a compreensão do meu pensamento... Não, a Santíssima Virgem nunca me há de ser escondida, porque eu a amo muitíssimo."

Oração do dia

Virgem santa, Mãe de Jesus e nossa, vós que na aurora da vida de Santa Teresinha lhe sorristes e a tomastes sob a vossa proteção materna e nunca mais a abandonastes, vos suplicamos para nos tomar pela mão e nos conduzir até vosso Filho Jesus, para que, o servindo e amando nesta terra, possamos louvá-lo no céu, por toda a eternidade. Amém.

Oração final (p. 11)

Pai-Nosso, Ave-Maria e Glória-ao-Pai.
Santa Teresinha do Menino Jesus, intercedei por nós, para que sejamos dignos das promessas de Cristo.

SEXTO DIA

Santa Teresinha do Menino Jesus: "Quanto mais pobre fores, tanto mais Jesus te amará".

Em nome do Pai, do Filho e do Espírito Santo. Amém.

V. Vinde, ó Deus, em meu auxílio.
R. Socorrei-me sem demora.
Glória ao Pai e ao Filho e ao Espírito Santo.
Como era no princípio, agora e sempre. Amém.

Pensamento bíblico

"Buscai, pois, o seu Reino, e essas coisas vos serão dadas por acréscimo" (Lc 12,31).

"Felizes vós, os pobres, porque vosso é o Reino de Deus!" (cf. Lc 6,20).

Seguindo os passos de Santa Teresinha

O único bem, a única riqueza que a nova carmelita deseja é Jesus. Com insistência, pede ao seu divino esposo: "Que eu nunca procure e nunca encontre senão a ti somente; que as criaturas nada sejam para mim e que eu nada seja para elas, mas que tu, Jesus, sejas tudo!".

Oração do dia

Ó Santa Teresinha, vós que descobristes o melhor caminho para chegar à casa do Pai e tomar posse do único e verdadeiro tesouro, que é Deus, ensinai-nos a trilhar o mesmo caminho, com fé e amor, c alcançar um dia a morada eterna e gozar da alegria dos filhos de Deus.

Oração final (p. 11)

Pai-Nosso, Ave-Maria e Glória-ao-Pai.
Santa Teresinha do Menino Jesus, intercedei por nós, para que sejamos dignos das promessas de Cristo.

SÉTIMO DIA

Santa Teresinha do Menino Jesus: "No Coração da Igreja eu serei o amor, pois na Igreja o amor é tudo".

Em nome do Pai, do Filho e do Espírito Santo. Amém.

V. Vinde, ó Deus, em meu auxílio.
R. Socorrei-me sem demora.
  Glória ao Pai e ao Filho e ao Espírito Santo.
  Como era no princípio, agora e sempre. Amém.

Pensamento bíblico

"Eu vos dou um novo mandamento: amai-vos uns aos outros. Como eu vos amei. Nisto conhecerão todos que sois os meus discípulos: se vos amardes uns aos outros" (cf. Jo 13,34-35).

Seguindo os passos de Santa Teresinha

Na leitura das cartas de São Paulo, Teresinha descobre onde nascem todas as vocações na Igreja, e o que as inspira e as impulsiona: o amor. "Compreendi que só o Amor leva os membros da Igreja a agir; que, se o Amor viesse a extinguir-se, os apóstolos não anunciariam mais o Evangelho, os mártires se negariam a derramar o sangue, que amor é tudo e eterno!... Então na minha alegria delirante, exclamei: Ó Jesus, meu amor... enfim a minha vocação é o amor".

O seu ideal, seu objetivo primeiro será: "amar Jesus e fazê-lo amado".

Oração do dia

Ó Santa Teresinha, que, por uma graça especial de Deus, descobristes a vossa vocação na Igreja: "ser o amor", alcançai-nos de Deus a graça de podermos encontrar a nossa vocação e que, como vós, sejamos incendiados pelo amor misericordioso de Deus e, como apóstolos deste mesmo amor, possamos espalhá-lo pelo mundo afora.

Oração final (p. 11)

Pai-Nosso, Ave-Maria e Glória-ao-Pai.
Santa Teresinha do Menino Jesus, intercedei por nós, para que sejamos dignos das promessas de Cristo.

OITAVO DIA

Santa Teresinha do Menino Jesus: "Quero passar o meu céu fazendo o bem sobre a terra".

Em nome do Pai, do Filho e do Espírito Santo. Amém.

V. Vinde, ó Deus, em meu auxílio.
R. Socorrei-me sem demora.
   Glória ao Pai e ao Filho e ao Espírito Santo.
   Como era no princípio, agora e sempre. Amém.

Pensamento bíblico

"Tende em vós o mesmo sentimento de Cristo Jesus" (cf. Fl 2,5).

"Esta é a vida eterna: que conheçam a ti, o Deus único e verdadeiro, e a Jesus Cristo, aquele que enviaste" (Jo 17,3).

Seguindo os passos de Santa Teresinha

Teresinha, no seu desejo de amar e fazer amar Jesus, em seu espírito supera os muros do seu convento e se lança à conquista do mundo. Seu ideal missionário toma a dimensão da terra. "Não podendo ser missionária pela ação, quero ser missionária pelo amor e pela penitência... Quero passar o meu céu fazendo o bem sobre a terra... Não poderei gozar nem repousar enquanto houver almas a serem salvas...".

Junto com São Francisco Xavier, a Igreja a declarou padroeira das missões. Suas relíquias percorreram o mundo inteiro.

Oração do dia

Ó Santa Teresinha, que, mais do que ninguém, desejastes salvar as almas enquanto vivestes nesta terra, continuando a mesma missão no céu, fazei que Deus nos guarde na fé e no seu amor; na fé, para que a possamos transmitir pura e intocável a quantos se aproximarem de nós; no amor, para que possamos abraçar todos em Cristo e propagar o seu Evangelho, enquanto vivermos neste mundo e mesmo no céu, onde esperamos chegar com a graça de Deus e por vossa intercessão.

Oração final (p. 11)

Pai-Nosso, Ave-Maria e Glória-ao-Pai.
Santa Teresinha do Menino Jesus, intercedei por nós, para que sejamos dignos das promessas de Cristo.

NONO DIA

Santa Teresinha do Menino Jesus: "A mim Deus deu a sua infinita misericórdia".

Em nome do Pai, do Filho e do Espírito Santo. Amém.

V. Vinde, ó Deus, em meu auxílio.
R. Socorrei-me sem demora.
Glória ao Pai e ao Filho e ao Espírito Santo.
Como era no princípio, agora e sempre. Amém.

Pensamento bíblico

"Vinde a mim, todos vós que estais cansados e carregados de fardos, e eu vos darei descanso. Tomai sobre vós o meu jugo e sede discípulos meus, porque sou manso e humilde de coração, e encontrareis descanso para vós. Pois o meu jugo é suave e o meu fardo é leve" (Mt 11,28-30).

"Ide, pois, aprender o que significa: '*Eu quero a misericórdia e não sacrifícios*'. De fato, não é a justos que vim chamar, mas a pecadores" (Mt 9,13).

Seguindo os passos de Santa Teresinha

A via da infância espiritual leva as almas a entregarem-se, a consagrarem-se ao amor misericordioso de Deus. Para Santa Teresinha, esta oblação representa o âmago dos sentimentos de seu coração; é o resumo de sua "pequena doutrina"; constitui o sonho mais consolador de sua vida.

Oração final (p. 11)

Pai-Nosso, Ave-Maria e Glória-ao-Pai.
Santa Teresinha do Menino Jesus, intercedei por nós, para que sejamos dignos das promessas de Cristo.

APÊNDICE

Ato de oblação ao Amor Misericordioso

Ó meu Deus, Trindade beatífica, desejo amar-vos e que sejais amado, trabalhar na glorificação da santa Igreja, salvando as almas que estão na terra e libertando as que sofrem no purgatório. Desejo cumprir perfeitamente a vossa vontade e chegar ao grau de glória que para mim preparastes no vosso Reino. Sinto, porém, a minha impotência e peço-vos, ó meu Deus, que sejais vós mesmo a minha santidade.

Pelo amor que me mostrastes, dando-me vosso Filho único por meu Salvador e Esposo, são meus tesouros infinitos os seus méritos. Bem ditosa sou em vo-los oferecer, suplicando-vos que não olheis para mim senão através da Face de Jesus e do seu Coração ardente de amor!

Ofereço-vos, ainda, todos os méritos dos santos que estão no céu e na terra, os atos de amor deles e dos santos Anjos. Ofereço-vos, enfim, ó Trindade beatífica, o amor e os méritos da Santíssima Virgem, minha Mãe querida. É nas suas mãos que entrego a minha oferta, rogando-lhe vo-la apresentar.

O seu divino Filho e meu Esposo estremecido disse-nos durante a sua vida mortal: "Tudo quanto pedirdes a meu Pai em meu nome, ele vo-lo dará". Tenho, pois, a certeza de ser atendida. Bem sei, ó meu Deus! Quanto mais quereis conceder, tanto mais nos levais a desejar.

Sinto no coração desejos imensos e é com firme esperança que vos peço a virdes tomar posse de minha alma. Sendo-me impossível receber a Sagrada Comunhão tão frequentemente como gostaria, ficai em mim como no tabernáculo: não vos afasteis nunca de vossa hostiazinha, pois não sois vós Todo-Poderoso, Senhor?

Quisera consolar-vos da ingratidão dos maus e peço-vos que me arranqueis a liberdade de vos desagradar! Se, por fraqueza, vier a cair, seja a minha alma purificada imediatamente pelo vosso divino olhar, consumindo todas as minhas imperfeições como o fogo que tudo transforma em si mesmo.

Agradeço-vos, ó meu Deus, todas as graças que me concedestes, especialmente por ter conhecido o crisol do sofrimento. É com alegria que vos contemplarei, no último dia, conduzindo o cetro da cruz. Já que vos dignastes dar-me por herança essa cruz tão preciosa, espero assemelhar-me a vós no céu e ver brilhar no meu corpo glorioso os sagrados estigmas da vossa paixão.

Após o exílio da terra, espero gozar convosco na pátria. Não quero, porém, acumular méritos para o céu, quero trabalhar somente por vosso amor, com o único intuito de vos agradar, de consolar o vosso Coração Sacrossanto e de salvar almas que vos amarão eternamente.

No ocaso desta vida, comparecerei perante vós com as mãos vazias, pois não quero, Senhor, que conteis as minhas obras... Todas as nossas justiças têm nódoas aos vossos olhos. Quero, pois, revestir-me com a vossa justiça e receber do vosso amor a posse eterna de vós mesmo. Não quero outro trono nem outra coroa senão vós, ó meu Bem-Amado!

Aos vossos olhos, o tempo não é nada; um só dia é como mil anos! Podeis num instante preparar-me para comparecer perante vós!

A fim de viver num ato de verdadeiro amor, ofereço-me como vítima de holocausto ao vosso Amor Misericordioso, suplicando-vos que me consumais incessantemente, deixando transbordar na minha alma as vagas de ternura infinita que em vós se encerram, para que assim me torne mártir do vosso amor, ó meu Deus.

Leve-me este martírio à morte, depois de me haver preparado para comparecer perante vós, e alcance minha alma, sem demora, o eterno braseiro do vosso Amor Misericordioso!

Quero, ó meu Bem-Amado, em cada pulsação do meu coração, renovar-vos esta oferta um sem-número de vezes, até o dia em que, desvanecidas as sombras, eu possa reiterar-vos o meu amor num eterno face a face!

Santa Teresinha do Menino Jesus

NOSSAS DEVOÇÕES
(Origem das novenas)

De onde vem a prática católica das novenas? Entre outras, podemos dar duas respostas: uma histórica, outra alegórica.

Historicamente, na Bíblia, no início do livro dos Atos dos Apóstolos, lê-se que, passados quarenta dias de sua morte na Cruz e de sua ressurreição, Jesus subiu aos céus, prometendo aos discípulos que enviaria o Espírito Santo, que lhes foi comunicado no dia de Pentecostes.

Entre a ascensão de Jesus ao céu e a descida do Espírito Santo, passaram-se nove dias. A comunidade cristã ficou reunida em torno de Maria, de algumas mulheres e dos apóstolos. Foi a primeira novena cristã. Hoje, ainda a repetimos todos os anos, orando, de modo especial, pela unidade dos cristãos. É o padrão de todas as outras novenas.

A novena é uma série de nove dias seguidos em que louvamos a Deus por suas maravilhas, em particular, pelos santos, por cuja intercessão nos são distribuídos tantos dons.

Alegoricamente, a novena é antes de tudo um ato de louvor ao Pai, ao Filho e ao Espírito Santo, Deus três vezes Santo. Três é número perfeito. Três vezes três, nove. A novena é louvor perfeito à Trindade. A prática de nove dias de oração, louvor e súplica confirma de maneira extraordinária nossa fé em Deus que nos salva, por intermédio de Jesus, de Maria e dos santos.

O Concílio Vaticano II afirma: "Assim como a comunhão cristã entre os que caminham na terra nos aproxima mais de Cristo, também o convívio com os santos nos une a Cristo, fonte e cabeça de que provêm todas as graças e a própria vida do povo de Deus" (*Lumen Gentium*, 50).

Nossas Devoções procura alimentar o convívio com Jesus, Maria e os santos, para nos tornarmos cada dia mais próximos de Cristo, que nos enriquece com os dons do Espírito e com todas as graças de que necessitamos.

Francisco Catão

Coleção Nossas Devoções

- *Dulce dos Pobres: novena e biografia* – Marina Mendonça
- *Francisco de Paula Victor: história e novena* – Aparecida Matilde Alves
- *Frei Galvão: novena e história* – Pe. Paulo Saraiva
- *Imaculada Conceição* – Francisco Catão
- *Jesus, Senhor da vida: dezoito orações de cura* – Francisco Catão
- *João Paulo II: novena, história e orações* – Aparecida Matilde Alves
- *João XXIII: biografia e novena* – Marina Mendonça
- *Maria, Mãe de Jesus e Mãe da Humanidade: novena e coroação de Nossa Senhora* – Aparecida Matilde Alves
- *Menino Jesus de Praga: história e novena* – Giovanni Marques Santos
- *Nhá Chica: Bem-aventurada Francisca de Paula de Jesus* – Aparecida Matilde Alves
- *Nossa Senhora Aparecida: história e novena* – Maria Belém
- *Nossa Senhora da Cabeça: história e novena* – Mario Basacchi
- *Nossa Senhora da Luz: novena e história* – Maria Belém
- *Nossa Senhora da Penha: novena e história* – Maria Belém
- *Nossa Senhora da Salete: história e novena* – Aparecida Matilde Alves
- *Nossa Senhora das Graças ou Medalha Milagrosa: novena e origem da devoção* – Mario Basacchi
- *Nossa Senhora de Caravaggio: história e novena* – Leomar A. Brustolin e Volmir Comparin
- *Nossa Senhora de Fátima: novena* – Tarcila Tommasi
- *Nossa Senhora de Guadalupe: novena e história das aparições a São Juan Diego* – Maria Belém
- *Nossa Senhora de Nazaré: novena e história* – Maria Belém
- *Nossa Senhora Desatadora dos Nós: história e novena* – Frei Zeca
- *Nossa Senhora do Bom Parto: novena e reflexões bíblicas* – Mario Basacchi
- *Nossa Senhora do Carmo: novena e história* – Maria Belém
- *Nossa Senhora do Desterro: história e novena* – Celina Helena Weschenfelder
- *Nossa Senhora do Perpétuo Socorro: história e novena* – Mario Basacchi
- *Nossa Senhora Rainha da Paz: história e novena* – Celina Helena Weschenfelder
- *Novena à Divina Misericórdia* – Tarcila Tommasi

- *Novena das Rosas: história e novena de Santa Teresinha do Menino Jesus* – Aparecida Matilde Alves
- *Novena em honra ao Senhor Bom Jesus* – José Ricardo Zonta
- *Ofício da Imaculada Conceição: orações, hinos e reflexões* – Cristóvão Dworak
- *Orações do cristão: preces diárias* – Celina Helena Weschenfelder
- *Os Anjos de Deus: novena* – Francisco Catão
- *Padre Pio: novena e história* – Maria Belém
- *Paulo, homem de Deus: novena de São Paulo Apóstolo* – Francisco Catão
- *Reunidos pela força do Espírito Santo: novena de Pentecostes* – Tarcila Tommasi
- *Rosário dos enfermos* – Aparecida Matilde Alves
- *Rosário por uma transformação espiritual e psicológica* – Gustavo E. Jamut
- *Sagrada Face: história, novena e devocionário* – Giovanni Marques Santos
- *Sagrada Família: novena* – Pe. Paulo Saraiva
- *Sant'Ana: novena e história* – Maria Belém
- *Santa Cecília: novena e história* – Frei Zeca
- *Santa Edwiges: novena e biografia* – J. Alves
- *Santa Filomena: história e novena* – Mario Basacchi
- *Santa Gemma Galgani: história e novena* – José Ricardo Zonta
- *Santa Joana d'Arc: novena e biografia* – Francisco de Castro
- *Santa Luzia: novena e biografia* – J. Alves
- *Santa Maria Goretti: história e novena* – José Ricardo Zonta
- *Santa Paulina: novena e biografia* – J. Alves
- *Santa Rita de Cássia: novena e biografia* – J. Alves
- *Santa Teresa de Calcutá: biografia e novena* – Celina Helena Weschenfelder
- *Santa Teresinha do Menino: novena e biografia* – Jesus Mario Basacchi
- *Santo Afonso de Ligório: novena e biografia* – Mario Basacchi
- *Santo Antônio: novena, trezena e responsório* – Mario Basacchi
- *Santo Expedito: novena e dados biográficos* – Francisco Catão
- *Santo Onofre: história e novena* – Tarcila Tommasi
- *São Benedito: novena e biografia* – J. Alves

- *São Bento: história e novena* – Francisco Catão
- *São Brás: história e novena* – Celina Helena Weschenfelder
- *São Cosme e São Damião: biografia e novena* – Mario Basacchi
- *São Cristóvão: história e novena* – Mário José Neto
- *São Francisco de Assis: novena e biografia* – Mario Basacchi
- *São Francisco Xavier: novena e biografia* – Gabriel Guarnieri
- *São Geraldo Majela: novena e biografia* – J. Alves
- *São Guido Maria Conforti: novena e biografia* – Gabriel Guarnieri
- *São José: história e novena* – Aparecida Matilde Alves
- *São Judas Tadeu: história e novena* – Maria Belém
- *São Marcelino Champagnat: novena e biografia* – Ir. Egídio Luiz Setti
- *São Miguel Arcanjo: novena* – Francisco Catão
- *São Pedro, Apóstolo: novena e biografia* – Maria Belém
- *São Peregrino Laziosi* – Tarcila Tommasi
- *São Roque: novena e biografia* – Roseane Gomes Barbosa
- *São Sebastião: novena e biografia* – Mario Basacchi
- *São Tarcísio: novena e biografia* – Frei Zeca
- *São Vito, mártir: história e novena* – Mario Basacchi
- *Senhora da Piedade: setenário das dores de Maria* – Aparecida Matilde Alves
- *Tiago Alberione: novena e biografia* – Maria Belém

Rua Dona Inácia Uchoa, 62
04110-020 – São Paulo – SP (Brasil)
Tel.: (11) 2125-3500
http://www.paulinas.com.br – editora@paulinas.com.br
Telemarketing e SAC: 0800-7010081